Rudolf Kring

Gesund und fit durch natürliche Ernährung

Edition *Gesund & fit*
herausgegeben von Dr. Luis Zagler

ERF johannis

Bisher sind in dieser Edition erschienen:

Bd. 1: … Grundsätzliches (Bestell-Nr. 07 161)
Bd. 2: … Getreide (Bestell-Nr. 07 162)
Bd. 3: … Obst (Bestell-Nr. 07 163)
Bd. 4: … Gemüse (Bestell-Nr. 07 164)
Weitere Bände sind in Vorbereitung.

Bildnachweis:
Umschlag: Mauritius; Titelseite: A. Timmermann;
Innenbilder: Photo Disc, Corel

Die Deutsche Bibliothek – CIP-Einheitsaufnahme

Kring, Rudolf:
Gesund und fit durch natürliche Ernährung – Grundsätzliches / Rudolf Kring. – Lahr : Johannis, 1998
(Johannis-Geschenktaschenbücher ; 7161 :
Edition gesund und fit ; Bd. 1)
ISBN 3-501-07161-2

Johannis-Geschenktaschenbücher
Edition Gesund und fit 07 161

Umschlaggestaltung: ERF-Studio Südtirol
Bildbearbeitung: Viola Oberrauch
Textbearbeitung: Markus Ostermann
Grafik: Dr. Friedhelm Kring und Viola Oberrauch

Gesamtherstellung:
St.-Johannis-Druckerei, 77922 Lahr
Printed in Germany 13601/1998

Inhalt

Vorwort	5
Einleitung	7
Irrweg oder Umweg?	16
Soma – der Körper	21
Wir handeln in unserem Körper	24
Unser Körper – unsere Verantwortung	27
Ist der Mensch, was er ißt?	32
Grundsätzliches	39
Ist der Mensch als Vegetarier geschaffen?	42
Trennkost – die gesunde Ernährung?	50
Vitamine – Mineralstoffe – Spurenelemente	52
»Gesund und fit« – aber bitte sofort!	54
Tabellen	56

Vorwort

Ein Blick in die »Welt der Medien« macht es deutlich: An Gesundheit und Ernährung ist heute jeder interessiert. Zeitungen und Zeitschriften, Rundfunk und Fernsehen reagieren darauf und bringen Tips und Tricks zu Ernährung und Fitneß, Ratschläge und Diäten, als »allerneuste Erkenntnisse der Wissenschaft«, wie es heißt.

Wer aber sagt uns, was davon stimmt?

Wenn die eine Seite »natürliches Obst« bereits für »sehr bedenklich« erklärt, während die andere es vielleicht für »völlig unbedenklich« hält … Wer da nicht gewohnt ist, gleich mehrere gute Bücher über Ernährung zu lesen und sich selbst seine Meinung zu bilden, hat wenig Chancen, an wirklich brauchbare Information heranzukommen.

Genau da setzt die Edition »Gesund & fit« an. In handlichem Format – wertvolles Wissen, praktisch erprobt, leserfreundlich und doch konzentriert, mit einladenden Bildern und dennoch preiswert. So sollte »Gesund & fit« sich als Geschenk ebenso eignen wie zum Selberlesen.

Rudolf Kring, geb. 1937 in Siegen, ein Praktiker unter den Experten auf dem Gebiet christlicher Gesundheitslehre, natürlicher Ernährung und schöpfungsgemäßen Lebensstils, ist bereits seit Jahren durch seine vielen Vortragsreisen, Presse, Rundfunk und Fernsehen bekannt. Er gilt als vorzüglicher Beobachter schöpfungsgemäßer Zusammenhänge, die er anhand des »Buchs der Bücher« konsequent aufschlüsselt und als leicht nachvollziehbare, nutzbringende, praktische Ratschläge für seine Leser erschließt.

Sie liegen jetzt erstmals in der auf mehrere Bände angelegten Edition »Gesund & fit« in Buchform vor. Dazu erscheinen im ERF Südtirol Audiokassetten.

Der Herausgeber

Die Statistiken machen es deutlich. Auf der Wunschliste von über 90 % der Deutschen steht Gesundheit an erster Stelle. Das ist verständlich. Von unserer Gesundheit hängt schließlich nicht nur unsere Lebensqualität ab, sondern weitgehend auch unser Lebensalter. Gesundheit ist also etwas Wesentliches. Kein Gebrauchsgegenstand, der ausgetauscht werden kann, wenn er ausgedient hat. Dieses heutige Denken von der »Ersetzbarkeit aller Dinge« ist auf die Gesundheit nicht anwendbar. Wir stoßen darauf spätestens, wenn wir nicht mehr im Besitz unserer Gesundheit sind.

Deshalb sollten wir uns rechtzeitig Gedanken darüber machen. Das aber heißt, daß wir verstehen müssen, was Gesundheit ist und wie wir sie erhalten können. Auch wo die großen und oftmals versteckten Gefahren für unsere Gesundheit sind. Das alles ist gut zu wissen und entspricht einem verantwortungsbewußten Lebensstil.

Wir hören sehr oft den Satz: »Das ist alles nicht mehr so einfach.« Dieser Satz aber stimmt nur zum Teil. Es ist wahr, daß vieles in unserer Zeit nicht mehr so einfach ist und daß die Gesellschaft, in der wir leben, von umwälzenden Errungenschaften und Veränderungen geprägt wird. Gerade dadurch stehen uns heute aber auch ungeahnte technische und chemische Mittel zur Verfügung, die die Menschen früher nicht hatten. Wir verfügen über eine so große Anzahl von medizinisch-technischen Möglichkeiten, daß die Behandlung vieler Krankheiten, die noch vor Jahrzehnten als tödlich galten, heute zur Routineangelegenheit geworden ist.

Denken wir nur an den Schutz durch Impfungen. In den vergangenen Jahrhunderten sind viele unserer Vorfahren an den großen Volksseuchen und Epidemien gestorben. Oft wurden ganze Familien hinweggerafft. Heute sind die meisten dieser verheerenden Volkskrankheiten durch großangelegte Impfaktionen so gut wie verschwunden. Das beste Beispiel dafür ist die weltweite Ausrottung der Pocken seit dem Jahre 1977. Auch die Zahl der an Kinderlähmung Erkrankten, die in der Bundesrepublik Deutschland 1952 noch bei 10 000 Erkrankten lag, war in den Jahren von 1978 bis 1982 bis auf insgesamt 46 Fälle gesunken. An diesen Beispielen

wird deutlich, wie rasch sich Epidemien durch Impfungen bekämpfen lassen.

Damit haben diese segensreichen Entdeckungen der modernen Medizin auch ganz wesentlich zur Steigerung der Lebenserwartung beigetragen. Dennoch stellen wir fest, daß die Wartezimmer der Ärzte und Zahnärzte heute überfüllter sind denn je. Der Medikamentenverbrauch war noch nie so hoch wie heute. Die Kosten der Krankenkassen steigen ins Unermeßliche. Warum?

Wir wissen heute mehr als alle Generationen vor uns. Wir profitieren jedoch nicht in allen Bereichen gleich von diesem Wissen. Arbeitsbedingungen, Lebensstil und Freizeitgestaltung sind heute sehr oft noch ungesund. Insbesondere aber unsere Ernährungsgewohnheiten stellen einen Risikofaktor ersten Ranges für unsere Gesundheit dar. Wir haben zwar qualitativ hochwertige Lebensmittel und verfügen über strenge Lebensmittelgesetze, die gut überwacht werden. Doch das alles nützt uns nichts, solange wir die falschen Gewohnheiten nicht ändern.

In Deutschland geben wir – bei stagnierender Tendenz – heute etwa 16 % von unserem Verdienst für unsere Ernährung aus, einschließlich der Getränke, aber bereits 13 % – mit stark steigender Tendenz – für unsere Gesundheit. Die Behandlungs- und Folgekosten ernährungsabhängiger Krankheiten werden in Deutschland laut Auskunft der Bundesärztekammer im Jahre 1997 auf 120 Milliarden DM geschätzt. Vor zwei Jahrzehnten waren es nur 18 Milliarden DM. Wenn diese Entwicklung anhält, wofür vieles spricht, geben wir in wenigen Jahren mehr für die Reparatur- als für die Erhaltungskosten unseres Körpers aus.

Wie viele Menschen sind heute schon abhängig von der täglichen Einnahme von Pillen, Tropfen, Kapseln oder Spritzen! Würden wir in unseren Schulen eine Umfrage starten, wer von den Kindern könnte sich wohl als völlig gesund bezeichnen? Verfechter der Evolutionstheorie sprechen zwar gerne von einer Aufwärtsentwicklung des Menschen. Was unsere Gesundheit und Widerstandsfähigkeit angeht, zeigt die Realität aber genau das Gegenteil. Menschen wurden gerade in den vergangenen Jahrhunderten immer anfälliger für Krankheiten.

Trotzdem ist die Lebenserwartung heute höher als je zuvor. Menschen werden weltweit immer älter. Das hat mehrere Gründe. Wir haben heutzutage viel mehr Wissen über unsere Gesundheit und die Hygiene. Es gibt den Segen des Impfschutzes, verschiedenste Programme gegen die Säuglingssterblichkeit und zur Verbesserung der Trinkwasserversorgung. Der Bau neuer Brunnen wirkt sich vor allem in den Ländern der dritten Welt positiv aus. Lebensmittellieferungen in Katastrophengebiete und landwirtschaftliche Projekte – das alles fördert heute die Stabilisierung der Weltgesundheit. Gäbe es die vielen Tausende von Aidstoten nicht, die durchschnittliche Lebenserwartung sähe auch in der dritten Welt noch wesentlich günstiger aus.

Möglichkeiten im Bereich der Chirurgie, Hygiene, Konservierung und Desinfektion sowie die Verbesserung der Wohnsituation und des Nahrungsmittelangebots (frisches Obst und Gemüse auch in den Wintermonaten) haben dazu beigetragen, daß sich die durchschnittliche Lebenserwartung in unseren westlichen Ländern in den letzten 100 Jahren nahezu verdoppeln konnte. Sie stieg bei den Frauen von rund 40 auf 79 Jahre, bei den Männern von 38 auf 72 Jahre an. Wir haben heute einen technischen Standard medizinischer Gerätschaft wie nie zuvor. Beste Ausbildung für Ärzte und Ärztepersonal, bestausgestattete Krankenhäuser, Sanatorien und Pflegeheime. Vor allem aber einen enormen Fortschritt im Bereich der Medikamente. In Deutschland stehen uns nahezu 60 000 Präparate zur Verfügung. Davon sind von der Weltgesundheitsorganisation nur etwa 3000 als notwendig anerkannt. Die übrigen gelten als Luxusmedikamente, die wir zum größten Teil der Konkurrenz der Pharmaindustrie verdanken, die dieselben Wirkstoffe in verschiedenen Packungen und Wirkstoffkombinationen anbietet.

Insgesamt verfügt die Bundesrepublik Deutschland heute über eines der bestfunktionierenden, wenn auch leider bald nicht mehr zu finanzierenden Gesundheitssysteme, das in seiner Organisation und Wirkung beispielhaft in der ganzen Welt dasteht. Würde dieses Gesundheitssystem zusammenbrechen, würde unsere Lebenserwartung wieder rasch zurückfallen.

Wir sind also gut beraten, wenn wir lernen, dankbar dafür zu sein. Dankbar für gute Ärzte und wirksame Medikamente. In einer gefallenen Schöpfung, in der es Krankheit, Leid und Tränen, Trauer und Tod gibt, wird unser Leben immer umkämpft sein. Deshalb lesen wir auch im Buch Sirach, Kap. 38, Vers 1, schon die Aufforderung: »Ehre den Arzt, bevor du ihn nötig hast.«

Die machtvollen Worte Jesu im Matthäusevangelium, Kap. 24, Vers 35: »Himmel und Erde werden vergehen, meine Worte aber werden nicht vergehen« weisen ebenfalls unmißverständlich auf die Vergänglichkeit dieser Welt. Wo aber dieses Prinzip der Vergänglichkeit herrscht, herrschen auch Krankheit, Leid und Tod, wie es ernüchternder und erschreckender gar nicht ausgedrückt werden könnte als im 1. Buch Mose, Kap. 3, Vers 19, wo es heißt:

»Denn von Staub bist du, und zum Staub wirst du zurückkehren.«

Aber steht nicht im Bericht über die Erschaffung des Himmels und der Erde im 1. Buch Mose, Kap. 1, 6 der bemerkenswerte Satz: »Gott sah, daß es gut war«? Im Anschluß an die Erschaffung des Menschen heißt es sogar: »Siehe, es war sehr gut.« Was war geschehen? Dazu lesen wir im 1. Buch Mose, Kap. 3, vom »Fall des Menschen«. Der Mensch wollte seine Unabhängigkeit und brach die Gemeinschaft mit Gott. Dadurch geriet er in das »Dilemma seiner Unabhängigkeit«, in ein Leben zum Tod. Gott aber ließ den Menschen nicht allein, sondern ging ihm immer wieder nach und redete zu ihm in seinem Wort. So lesen wir im 5. Buch Mose, Kap. 32, Vers 47, daß Gottes Wort uns »zu unserem Leben ist« und unsere Tage »dadurch verlängert werden«. Das aber geschieht nur, wenn wir, wie es im 5. Buch Mose, Kap.10, Vers 13, heißt, »die Gebote des Herrn und seine Ordnungen halten«.

Jetzt ist die Frage, ob wir diese Ordnungen Gottes in bezug auf unsere Ernährung und unseren Lebensstil überhaupt kennen. Wer sagt uns z.B., wie ein Satz wie der aus dem Buch des Propheten Jesaja, Kap. 48, Vers 17, auf unsere Gesundheit und unsere Ernährung in unserem Leben Anwendung finden soll, wo es heißt: »Ich bin der Herr, dein Gott, der dich lehrt zu deinem Nutzen, der dich leitet auf dem Weg, den du gehen sollst.«

Diesen und vielen weiteren Fragen wollen wir in der Reihe »Gesund und fit« nachgehen. Denn treffend heißt es im Buch der Sprüche, Kap. 19, Vers 16: »Wer das Gebot des Herrn bewahrt, bewahrt sein Leben, wer seine Wege verachtet, muß sterben.«

Alles ist sicher nicht machbar. Gottes Wort ist kein Gesundheitsbuch im landläufigen Sinne, noch ist es ein Buch über naturgemäße Ernährung oder gar ein Kochbuch. Es ist vielmehr ein Buch der Heilsgeschichte Gottes mit dem Menschen. Aber mit unwahrscheinlich vielen praktischen Tips für unser irdisches Leben und vielen Hinweisen über einen natürlichen, d. h. unserer Natur entsprechenden Lebensstil. Wir finden darin Hinweise über Ernährung, ebenso über Hygiene, Gesundheit, Schlafen, Zeitplanung, Ehe, Familie, Erziehung, Lebensfreude, Lebensbewältigung, Geborgenheit, Hoffnung und Zukunft. Oft in einem kleinen Nebensatz, ganz versteckt, obwohl es tiefe göttliche Lebensweisheiten sind, die jeder naturwissenschaftlichen Prüfung standhalten. Aber nur weil sie nicht die wichtigste Botschaft des Wortes Gottes sind, sind sie deshalb nicht nebensächlich. Wir finden darin vielmehr »lebenswichtige Information« im wahrsten Sinne des Wortes. Wenn es uns gelingt, diese Hinweise wieder zu entdecken und in Übereinstimmung zu bringen mit unserem Leben, haben wir die Quelle für ein glückliches Leben gefunden. Die Schöpfung als Werk Gottes und die Heilige Schrift als Wort Gottes. Wie es auch König David vor 3000 Jahren im 36. Psalm, Vers 10, zum Ausdruck bringt, wenn er sagt: »Bei dir ist die Quelle des Lebens, in deinem Licht sehen wir das Licht.«

Irrweg oder Umweg?

Ob es die 40jährige Wanderung des Volkes Israel in der Wüste ist oder die Irr- und Umwege im Leben eines jeden einzelnen Menschen – immer wieder können wir uns diese Frage stellen: Irrweg oder Umweg? Auch in der 2000 Jahre alten Geschichte des Christentums finden wir solche Irrwege. Einer davon war besonders prägend. Wie Emil Brunner, der bekannte Theologe, schreibt, »steht die Leibfeindlichkeit seit Nietzsche für viele sogar als ein Merkmal des Christentums da. In Wirklichkeit ist diese Leibfeindlichkeit aber aus dem spätantiken Hellenismus in die Kirche eingedrungen und dem biblischen Denken völlig fremd.«

Der Körper als »Fessel« bzw. »Grab« der Seele – das ist Denken des Altertums. Wir finden dieses Denken vor allem bei den griechischen Philosophen,

z. B. bei Platon (427–347 v. Chr.), der den Körper des Menschen als bloßes Gehäuse für die präexistente Seele ansah und den Tod als den Befreier dieser Seele vom Körper. In der Weiterentwicklung dieser Gedanken kommt es im Neuplatonismus schließlich zur völligen Abwertung des Körpers gegenüber der Seele.

Diese absolut unbiblische und vor allem dem jüdischen Denken völlig fremde Auffassung des Körpers aber findet schon früh Einzug in das christliche Denken, wie Francis Schaeffer in seinem Buch »Wie können wir denn leben« schreibt. In der Folge finden wir immer öfter den Körper des Menschen mit dem »sündigen Fleisch« gleichgesetzt, das es ebenso wie die »Fleischeslust« zu überwinden gilt. Bis im Laufe dieser Entwicklungsgeschichte der Körper des Menschen sogar zum Inbegriff der Sünde selbst wird und damit zum Feind der Seele, den es zu bekämpfen gilt.

Die Auswirkungen dieses Denkens in der 2000jährigen Geschichte des Christentums sind nicht abzuschätzen und bis in unsere Tage spürbar. Welch eine Verirrung, wenn wir in den Texten von damals lesen, wie selbst die sexuelle Begegnung in der Ehe zur Sünde erklärt wurde.

Wir können heute nur noch ahnen, welche Belastung dieses falsche Denken über das Sexualleben für so manche Ehe bedeutet haben mag. Zu welchen Störungen im psychosomatischen Bereich es dabei immer wieder kommen kann, darüber wissen Psychotherapeuten in erschütternden Beispielen aus der Praxis zu berichten. Aber so haarsträubend diese Irrwege im Denken waren, so sehr haben sie Generationen über Generationen geprägt und den Menschen ein völlig falsches Bild von ihrem Körper vermittelt. Wieviel unverzeihliche Vernachlässigungen das mit sich brachte, können wir heute vielleicht gar nicht mehr abschätzen. Was wir sehen, sind lediglich die Langzeitwirkungen – und die wiederum sind zumindest im Bereich der Gesundheit noch sehr oft verheerend.

Ich erinnere mich noch sehr gut, als wir Kinder waren und die ersten Motorräder und Autos auf den Markt kamen, wie wir uns mit der Bedienung und Technik von Fahrzeugen beschäftigten! Schließlich waren diese Fahrzeuge teuer, sollten viel leisten und lange halten. Aber beschäftigten wir uns zu dieser Zeit auch ebenso mit der Pflege unseres Körpers? Wir dachten nicht einmal daran.

Viele Menschen sind heute an einem Schöpfergott nicht interessiert. Christen jedoch wissen von einer Schöpfung und einem Schöpfergott, wenn ihr Glaube hineinreicht in die Tiefe dieses Lebens. Aber wissen sie auch, wie unverantwortlich sie mit ihrer Gesundheit als Geschöpf Gottes umgehen?

Wie oft kümmern wir uns um unseren Körper erst dann, wenn wir bereits in der totalen Abhängigkeit von Medikamenten sind und Schwäche, Krankheit und Übergewicht unser Leben bestimmen. Dann plötzlich kreist alles Denken nur noch um den Körper. Jetzt wird Zeit, Kraft und Geld verbraucht für die Reparatur der Folgen dieses falschen Denkens und Handelns.

Wer sich das vor Augen führt, wird merken, wie wichtig es ist, tiefer in Gottes Wort hineinzuhören und Gottes Anweisungen für den Umgang mit unserem Körper und unserer Gesundheit zur rechten Zeit nachzuspüren, darauf zu achten und dafür zu sorgen, daß sie auch Anwendung finden. Wie steht es doch im Buch der Sprüche, Kap. 4, Vers 20–22: »Mein Sohn, hör gut zu, und paß auf, was ich dir sage! Verachte meine Worte nicht, sondern präg sie dir fest ein! Sie geben dir ein erfülltes Leben und erhalten dich gesund.«

Wo aber sind diese Worte Gottes für unsere Gesundheit, eine gesunde Ernährung und einen gesunden Lebensstil im Wort Gottes zu finden? Wo ist der Rahmen für den richtigen Umgang mit unserem Körper? Diesen und vielen weiteren Fragen wollen wir in der auf mehrere Folgen angelegten Reihe

»Gesund und fit« immer wieder nachgehen. Aber beschäftigen wir uns zuerst einmal mit unserem Körper selbst.

Soma – der Körper

Wir wissen heute sehr viel über die Funktionen und Zusammenhänge in unserem Körper. Wissenschaft und Forschung haben uns erstaunliche Erkenntnisse gebracht. Gottes Wort vom Menschen als »Krönung der Schöpfung« ist heute einsichtiger denn je und sogar in Zahlen und Fakten zu belegen. Jede neue Erkenntnis der Wissenschaft bestätigt uns diese einmalige Stellung des Menschen innerhalb der Schöpfung. »Jeder einzelne von uns hat auch nicht nur seinen Körper, sondern ist Körper«, wie Reinhold Ruthe, der bekannte christliche Psychotherapeut, schreibt. Auch kennt Gottes Wort keinen Dualismus von Körper und Seele. »Beides gehört zusammen. Von daher werden körperliche Krankheiten auch als Störungen der Seele verstanden.«

Der im Neuen Testament gebrauchte griechische Begriff *Soma* sieht immer den ganzen Menschen, wie er vor Gott steht. Vielleicht ist es auch wichtig, einmal zu betonen, daß die Liebe Gottes uns als Liebe Gottes in unserem Körper gilt. Im 1. Thessalonicherbrief, Kap. 5, Vers 23, lesen wir: »... mögen euer Geist, Seele und Leib untadelig bewahrt werden.« Im 1. Korintherbrief, Kap. 6, Vers 15–20 werden wir sogar dazu aufgefordert, darüber nachzudenken, unseren Körper als »ein Glied Christi«, einen »Tempel des Heiligen Geistes« anzusehen.

Wörtlich heißt es hier: »Wißt ihr nicht, daß euer Leib ein Tempel des Heiligen Geistes in euch ist, den ihr von Gott habt ...? Verherrlicht nun Gott mit eurem Leib.« Jesus selbst spricht im Johannesevangelium, Kap. 2, Vers 19–21, vom »Tempel« seines Körpers, der abgerissen wird und den er in drei Tagen wieder aufrichten will«. Gibt es eine höhere Stellung für den so sehr Krankheiten, Gebrechen und Schwächen ausgesetzten Körper als diese Aussagen?

Wer sich mit der Anatomie und Physiologie beschäftigt, gerät unweigerlich ins Staunen. Da sind die unvorstellbaren Billionen von Zellen, die sich etwa alle sieben Jahre erneuern. Das Gehirn, das besser arbeitet als die modernsten Computeranlagen der Welt. An die 14 Milliarden Nervenzellen steuern mit ihren hochkomplizierten Funktionen wie ein Minicomputer durch DNS-Moleküle jede einzelne Zelle. Auf engstem Raum mit unendlich vielen kleinen Bläschen besteht unsere Lunge mit einer Atmungsfläche von 90 m^2, auf der der Austausch von Sauerstoff und Kohlendioxid stattfindet. Das Herz, kaum 320 g schwer, gilt noch heute als die leistungsfähigste Pumpe der Welt. Mit etwa 70 automatisch ausgelösten Doppelschlägen pumpt dieses Herz jede Minute 5 Liter Blut durch unsere Adern. 7200 Liter jeden Tag, ein ganzer Tanklastzug voll. 1,5 kg schwer ist unsere Leber und doch vergleichbar mit einer der großartigsten vollautomatisch arbeitenden chemischen Fabriken, die wir uns vorstellen können; in ihr laufen an die 500 verschiedene Funktionen für den Stoffwechsel gleichzeitig ab.

So könnten wir nun ein faszinierendes Detail nach dem anderen aufzählen und würden dabei auf ein Wunder nach dem anderen stoßen. Ob wir an die Funktionen unserer Fortpflanzungsorgane denken oder an unseren Verdauungs- oder Bewegungsapparat, an unsere Augen, Ohren oder Nase; jedes Organ stellt eine geniale Konstruktion dar, unfaßbar einfach in seinen Funktionen und doch hochkomplex in allen Details, die aufeinander abgestimmt im Zusammenwirken ein Ganzes ergeben. Wissenschaftler, die ein ganzes Leben daransetzen, diese Details zu ergründen und damit den Einzelheiten unseres Körpers nachspüren, werden immer wieder neu ins Staunen versetzt, wie genial der Schöpfer den Menschen erdacht und geschaffen hat.

Wir handeln in unserem Körper

Was immer wir tun, wir tun es durch unseren Körper. Selbst unseren Dienst für Gott verrichten wir mit unserem Körper. Wenn wir z.B. im 48. Psalm, Vers 10, lesen: »Wir haben nachgedacht über deine Gnade«, weiß jeder von uns, daß der Verstand, d.h. das Gehirn in unserem Körper, daran beteiligt war. Auch die Aussage im 3. Psalm, Vers 5: »Mit meiner Stimme rufe ich zum Herrn« ist ohne die Stimme oder zumindest deren Vorstellung nicht denkbar. Wir können auch keinen Himmel anschauen, wie es im 8. Psalm, Vers 4, heißt, ohne daß unsere Augen daran beteiligt sind.

Auch sind »die Füße derer, die das Evangelium verkünden«, wie es im Römerbrief, Kap 10, Vers 15, heißt, nur »lieblich«, wenn sie an einem Körper sind, den sie tragen. Ebenso das Ohr, mit dem der Psalmist sich »einem Spruch zuneigt« – so heißt es im Psalm 49, Vers 5. Und auch »der Mund, der Weisheit redet«, wie wir das im Psalm 49, Vers 4, lesen, oder »die Hände, die Gutes bewirken«, wie es im Epheserbrief, Kap. 4, Vers 28, steht.

So irdisch das klingen mag, ohne unseren Körper könnten wir Gott nicht dienen. Im ersten Korintherbrief, Kap. 6, Vers 13, lesen wir dazu, daß »unser Körper zum Dienst für den Herrn geschaffen wurde«. Schließlich ist auch die Aufforderung im 1. Ko-

rintherbrief, Kap. 6, Vers 20, nur über den Körper möglich: »Verherrlicht Gott in eurem Leib.« Das zeigt, wie wichtig der Körper ist und welche Verantwortung wir für ihn tragen. Schließlich wird dieser Körper ständig von uns gefordert. Oft mehr, als uns das bewußt ist.

Wir haben uns daran gewöhnt, daß alles geradezu automatisch und wie selbstverständlich abläuft. Von daher merken wir oft nicht mehr, wie wichtig es ist, auf die Bedürfnisse dieses unseres Körpers einzugehen und dementsprechend auch für eine gesunde Ernährung, Entspannung und genügend Schlaf zu sorgen. Das aber ändert sich schlagartig, wenn Krankheit oder Leiden eintreten. Dann plötzlich merken wir, wie verantwortungslos wir mit unserm Körper bis dahin umgegangen sind. Solange uns aber weder Krankheit noch Leiden quält oder behindert, nehmen wir alle körperlichen Funktionen als ganz selbstverständlich. Wir dürfen das auch, nur sollten wir es in der vollen Verantwortung tun, die uns für unsere Gesundheit von Gott zugedacht worden ist.

Wenn es z. B. im 1. Korintherbrief, Kap. 9, Vers 27, heißt: »Ich zerschlage meinen Leib und knechte ihn, damit ich nicht, nachdem ich anderen gepredigt habe, selbst verwerflich werde«, kann das zwar als Vernachlässigung des Körpers interpretiert werden, aber nur im Sinne eines aktiven Opfers. Nicht im Sinne von Genuß, Trägheit, Bequemlichkeit und Bewegungsarmut, im Sinne eines »Sich-gehen-und-treiben-Lassens«.

Unser Körper – unsere Verantwortung

Jetzt gilt es freilich zu unterscheiden, in welchem Rahmen und Ausmaß wir als Menschen die Verantwortung für unseren Körper und auch die »Zahl unserer Tage und die Jahre des Lebens« tragen, wie es im Buch der Sprüche, Kap. 3, Vers 2, heißt. Schließlich ist Gott es, der »mein Los festlegt«, wie David im 16. Psalm, Vers 5, schreibt, wie wir auch im 31. Psalm, Vers 16, davon lesen, daß unsere Zeit in Gottes Hand steht.

Nicht wir sind also die Herren unserer Gesundheit und unserer Lebenszeit, sondern Gott. Davon lesen wir auch im Buch Hiob, Kap. 12, Vers 10, wo es heißt: »In Gottes Hand ist die Seele alles Lebendigen und der Lebensatem alles menschlichen Fleisches.« Die Frage aber ist: Darf uns unsere Gesundheit und unsere Verantwortung deshalb gleichgültig sein?

Wer alle Verantwortung abgeben möchte und sich um seine Gesundheit nicht mehr kümmert, löst damit die Spannung auf, in die wir als Menschen gestellt sind. Das gilt nicht nur für unsere Gesundheit, sondern generell für unser Leben. Wir stehen immer wieder in der Spannung zwischen Eigenverantwortung und den Grenzen dieser Eigenverantwortung. Wer diese Spannung auflöst, gerät unweigerlich in eine Fehlinterpretation der Aussagen in Gottes Wort. Wer hingegen in dieser Spannung bleibt, hat darin die Gelegenheit zu wachsen und zu reifen und so sein Leben zu meistern.

Wir sind also sehr wohl auch selbst für unsere Gesundheit verantwortlich. Aber unsere Gesundheit hängt nicht allein davon ab, daß wir diese Verantwortung übernehmen. Schon gar nicht nur von einer gesunden Ernährung. Gesunde Ernährung ist zwar ein wichtiger Faktor. Aber sie allein ist nicht das, worum es bei dieser Verantwortung geht. Vielmehr ist es das, was wir ganz allgemein als einen gesunden, schöpfungsgemäßen Lebensstil bezeichnen können. Gewiß gehört dazu auch ein verantwortungsvolles Ernährungsverhalten. Aber nicht nur das.

Ein schöpfungsgemäßer Lebensstil beginnt mit einer geordneten Zeitplanung. Wer seinem Körper ständig Höchstleistungen abverlangt, darf sich nicht wundern, wenn dieser Körper eines Tages erschöpft und mit Krankheit darauf reagiert. Von daher müssen wir uns zuallererst einmal in Zeit und Raum zurechtfinden, d. h. den Ausgleich finden zwischen Aktivität und Erholung. Die hohe Kunst also von Spannung und Entspannung.

In Gottes Wort lesen wir immer wieder vom Aufruf zur Stille, zur Sammlung, zur Konzentration und Einkehr. Solche Stellen finden wir praktisch in jedem Buch der Heiligen Schrift. Angefangen von den fünf Büchern Mose, wo der Sabbat, der siebente Tag, als der Tag der Ruhe herausgehoben wird, über die Bücher der Propheten und der Psalmen bis hin zu den Evangelien, die uns überliefern, daß auch Jesus während seiner Erdenzeit trotz seines unfaßbaren Arbeitspensums die hohe Kunst von Spannung und Entspannung offensichtlich ebenso meisterhaft beherrschte und vorlebte wie alles andere.

Wir merken uns diese erste Grundregel eines schöpfungsgemäßen Lebensstils am einfachsten anhand des Beispiels von den drei A's. Morgens die Andacht. Tagsüber die Arbeit. Abends der Ausgleich. Gleiches gilt für den Wochenablauf. Sonntags die Andacht. Stille. Gottesdienst. Wochentags die Arbeit, also Mühen und Herausforderung. Am Wochenende der Ausgleich. Als Rückblick, Erholung und vor allem Entspannung. Diese drei A's sollten in keinem Tages- und Wochenablauf fehlen.

Ausgiebige Studien in den USA haben gezeigt, daß

Christen, die nach diesen drei A's leben, wesentlich gesünder und belastbarer sind. Das verwundert auch nicht, schließlich sind wir als Menschen darauf angelegt. Dann aber brauchen wir auch noch den Schlaf, jene tiefere Entspannung, in der unser Körper, unsere Seele und unser Geist sich regenerieren. Wer nicht auf diesen natürlichen Tag-Nacht-Rhythmus achtet, gerät früher oder später unweigerlich in Streß. Das »gute Gewissen« ist auch hier noch immer das »beste Ruhekissen«. Wie heißt es im Buch des Predigers, Kap. 4, Vers 6: »Besser eine Hand voll Ruhe als beide Fäuste voll Mühe und ein Haschen nach Wind.«

Aber auch Bewegung gehört zu den natürlichsten Funktionen des Lebens. Die 238 Knochen und 638 Muskeln des Menschen sind auf Aktivität hin angelegt. Es reicht nicht aus, wenn wir uns nur zwischen Fernsehsessel und Kühlschrank hin- und herbewegen. Was für den Bewegungsapparat des Menschen zutrifft, gilt in gleichem Maße auch für seinen Geist. Um bis ins hohe Alter gesund und fit zu bleiben, muß auch der Geist des Menschen sich von immer neuen Aufgaben herausgefordert sehen. Alles das sind Grundgesetzmäßigkeiten, die wir ungestraft nicht übergehen können. Wir irren, wenn wir meinen, wir könnten tun und lassen, was wir möchten. Wir können es tatsächlich, die Frage ist nur, wie lange.

Viele unserer heutigen Gewohnheiten aber liegen gerade außerhalb dieses Rahmens einer natürlichen und schöpfungsgemäßen Lebensweise und sind insofern in hohem Maße gesundheitsschädigend. Wir sehen Bohnenkaffee und schwarzen Tee oder Cola bei Jugendlichen als Lebensmittel an, aber es sind Genußmittel. Wir können diese Genußmittel zwar zur Freude unseres Lebens genießen. Wenn aber aus dem Genußmittel – ohne daß wir es merken – ein Suchtmittel wird, was dann? Jede Tasse Kaffee enthält je nach Sorte und Zubereitung 100 bis 150 mg Koffein. Dieses Koffein putscht den niedrigen Blutdruck immer wieder kurzfristig auf. Aber eben nur kurzfristig. Gerade das aber wird auf die Dauer für Herz und Kreislauf zum unnötigen Streß. Gleiches gilt für den unkontrollierten Gebrauch von Medikamenten. Jeder fünfte Deutsche nimmt heute bereits täglich Arzneimittel zu sich, jeder sechste ein- oder mehrmals im Monat, weitere 10 % mehrmals die Woche, einige von ihnen dreimal am Tag, vor, zu und nach den Mahlzeiten. Dieser hohe und oft auch unvorsichtige Gebrauch von Medikamenten verhindert nicht nur die Bildung von Selbstheilungskräften, sondern greift auch ganz beachtlich in den Haushalt unseres Körpers ein. Eine Grippe z.B. ist ja nicht dazu da, um gleich den Arzt zu holen. In der Regel aber tun wir gerade das – obwohl Antibiotika gegen die von Viren ausgelöste Grippe ohnedies nicht helfen. Alkohol, Rauchen, Drogen, Aufputschmittel und Doping, Tätowierungen, Parfums, Cremes und Duftstoffe, aus all den unnatürlichen chemischen Wirkstoffen hergestellt, dazu Kosmetika, Duschgels und Schampons – brauchen wir das wirklich alles? Wer sich z.B. immer wieder allzu »porentief« reinigt, der zerstört doch nur unnütz die natürliche Schutzschicht der Haut, muß anschließend wieder Hautcreme auftragen und schafft die allerbesten Voraussetzungen für Hauterkrankungen wie Neurodermitis und Allergien. – Das alles sind Gewohnheiten eines unnatürlichen Lebensstils, mit dem wir nicht nur unsere Gesundheit gefährden, sondern auch viele Schadstoffe aufnehmen. Manchmal sogar mehr als über unsere Ernährung. Was uns häufig nur nicht bewußt ist, weil kaum jemand davon spricht. Dennoch bleibt die ungesunde Ernährung eines der Hauptprobleme unseres Lebensstils.

Ist der Mensch, was er ißt?

Der Ernährungsbericht der Bundesregierung macht es immer wieder deutlich: die Deutschen essen zu viel, zu süß und zu fett! Was zuviel ist, ist ungesund, weil es einfach zuviel ist. So lesen wir z. B. schon

beim weisen König Salomo im Buch der Sprüche, Kap. 25, Vers 16, niedergeschrieben vor 3000 Jahren: »Iß nur deinen Bedarf.« Und im Buch Sirach, Kap. 37, Vers 29: »Sei nicht übermäßig bei irgendeinem Genuß, und stürze dich nicht gierig auf leckere Speisen, denn in vielem Essen ist Krankheit, und die Unmäßigkeit führt zum Erbrechen. Infolge von Unmäßigkeit sind viele zu Tode gekommen. Wer sich aber in acht nimmt, verlängert sein Leben.«

Wir können alle diese guten Ratschläge übergehen, wir bezahlen es aber – am häufigsten mit den »ernährungsbedingten Zivilisationskrankheiten«:

Bluthochdruck, Altersdiabetes und erhöhter Cholesterinspiegel, Verengung der Blutgefäße, d.h. Arteriosklerose, Herz-Kreislauf-Erkrankungen, Herzinfarkt, Schlaganfall, verschiedene Rheumatismen, Arthritis, Arthrose, Gicht, Wirbelsäulenschäden, Verdauungsbeschwerden, Nierensteine, Gallensteine, Osteoporose, chronische Leber- und Gallenerkrankungen, Karies, Jodmangelkrankheit, Stoffwechselstörungen, Bauchspeicheldrüsenerkrankungen, Lebensmittelallergien, Störungen des Immunsystems sowie bösartige Erkrankungen von Magen, Darm, Speiseröhre, Kehlkopf, Leber, Brustdrüse, Gebärmutter, Prostata und Bauchspeicheldrüse.

Wie recht hat doch das talmudische Sprichwort, wenn es sagt: »Es sterben mehr Menschen am

Kochtopf als am Hunger.« Im Buch des Predigers Kap. 6, Vers 7, lesen wir dazu: »Alles Mühen des Menschen ist für seinen Mund, und doch wird seine Begierde nicht gestillt.«

»Man gönnt sich ja sonst nichts« heißt dann aber der verführerische Satz, der so oft zur Entschuldigung für falsches Ernährungsverhalten verwendet wird. Ein Genuß auf Kosten unserer Gesundheit ist ein Genuß mit Folgen. Wir möchten uns etwas gönnen. Wenn wir uns aber zu viele Genußmittel wie z.B. Schokolade, Zucker, Süßigkeiten, zuviel Fleisch oder sogar Suchtmittel wie Zigaretten, Alkohol und dergleichen »gönnen«, gönnen wir uns nicht etwas, sondern wir nehmen uns etwas – unsere Gesundheit. Daran wird deutlich, daß eine Umstellung der Lebensweise nicht eine Sache des Gefühls sein kann. Wer Erfolg haben will, muß wollen und dazu auch seinen Verstand gebrauchen. Wir können eine solche Umstellung auch nicht mal für ein paar Tage ausprobieren. Das wäre Unsinn. Ernsthaft angegangen macht so eine Umstellung in jedem Alter Sinn. Durch sie lassen sich Lebensqualität, Lebensgenuß und Lebenserwartung eines Menschen ganz beachtlich steigern, ebenso die Leistungsfähigkeit. Der Alterungsprozeß verlangsamt sich, und auch die Wechseljahre werden in der Regel leichter überstanden. Schwangeren schafft eine Ernährungsumstellung zudem wesentlich bessere Bedingungen für ihr Kind, die Zeit der Schwangerschaft, die Geburt und anschließende Stillphase.

Worin aber besteht nun dieses falsche Ernährungsverhalten im einzelnen? Die Brotschnitten werden immer kleiner und dünner, die Auflagen mit Butter, Käse, Wurst und Schinken dafür immer dicker. Kartoffeln bleiben im Keller. Wir essen sie höchstens noch, nachdem sie bereits einen Schweinemagen durchwandert haben. Schnitzel oder Steak auf unserem Teller sind so groß, daß für Gemüse kein Platz mehr ist. Gleich daneben steht der Kuchen mit Creme und Sahne drauf. Wir haben die ballaststoff- und vitalstoffreiche pflanzliche Kost durch eine ballaststoffarme Kost tierischer Herkunft ersetzt.

Wir haben heute Ernährungswissenschaftler und Ärzte, die uns in Fragen der Ernährung beratend zur Seite stehen. Aber alles das ändert in der Regel nichts. Die beste Medizin hilft oft nichts, solange falsche Ernährungsgewohnheiten immer wieder von neuem alles zerstören. Schweinefleisch z. B., das wissen wir heute, ist ungesund. Die Deutschen aber stehen beim Schweinefleischverzehr ganz oben. 60 g Fett pro Tag für eine Person würden ausreichen. Der Durchschnittsverbrauch aber liegt in Deutschland bei über 140 g pro Person und Tag.

Auch essen wir immer mehr industriell verarbeitete Lebensmittel. Nur noch ein kleiner Teil aller landwirtschaftlichen Erzeugnisse in Deutschland wird unverarbeitet an den Endverbraucher verkauft. Etwa 80 % aller Eßwaren erreichen den Verbraucher in einer durch die Nahrungsmittelindustrie mehr oder weniger veränderten Form. Unter dem Einsatz von High-Tech, chemischen und physikalischen Verfahren, Gentechnologie, Bestrahlung und Konservierungsstoffen werden aus den von der Natur gelieferten Rohstoffen mit Hilfe von »Food-Designern« und Werbefachleuten immer neue »Lebensmittel« konstruiert. Um solcherart produzierte Nahrung für den Verbraucher attraktiv und genießbar zu machen, muß eine Vielzahl unterschiedlicher Substanzen zugesetzt werden, die oft weniger einer gesunden Ernährung als vielmehr einer »Kosmetik« des Endproduktes dienen.

Diese sogenannten Lebensmittel-Zusatzstoffe, von denen EU-weit 296 chemische Substanzen zugelassen sind, müssen auf dem Etikett von verpackten Nahrungsmitteln als E-Nummern deklariert werden. Es sind Konservierungsstoffe, Geschmacksverstärker, Farbstoffe, Emulgatoren, Süßstoffe, Säuerungsmittel, Backtriebmittel, Bindemittel usw. Alle verwendeten Zusatzstoffe müssen zugelassen sein und werden vorher auf ihre Unbedenklichkeit geprüft.

Viele dieser Substanzen sind natürlichen Ursprungs und stellen keine Gefahr für die menschliche Gesundheit dar. Dennoch sind einige der erlaubten Stoffe umstritten, da Asthma, Allergien und Unverträglichkeiten beobachtet wurden, oder stehen sogar im Verdacht, Krebs auszulösen.

Die Versuchung ist groß, sich an Zusatzstoffe zu gewöhnen. Ein Erdbeereis mit künstlichem Erdbeergeschmack z. B. ist so intensiv, so geschmackvoll, daß Erdbeereis mit echtem Naturgeschmack uns geradezu fad erscheint, was dazu führt, daß wir mit der Zeit den künstlichen Geschmack vorziehen. Das gilt insbesondere bei Kindern. Wobei die Farb- und Geschmacksstoffe als besonders verkaufsfördernd gelten, die uns am besten manipulieren.

Wir sprechen heute sehr viel von Natur. Immer wieder taucht dieser Begriff auf. Wir sprechen von der Gefährdung der Natur. Von der zu bewahrenden Natur. Von der Mutter Natur. Von dem Gesundbrunnen Natur. Von Natur als Oase in unserer hektischen Zeit. Wir sprechen davon, daß es gut wäre, wenn wir naturgemäßer leben würden. Aber tun wir auch etwas dafür? Wer von uns kennt noch die einfachsten Gesetzmäßigkeiten dieser Natur? Wer von uns lebt heute noch natürlich? Wer ernährt sich natürlich? Ja wer weiß auch nur etwas von den Grundsätzen natürlicher Ernährung? Wer macht sich Gedanken darüber? Darin liegt das Problem. Denn einerseits leben wir heute so naturfern wie noch nie, andererseits gilt für unsere Gesundheit noch immer der Grundsatz: Je natürlicher, desto besser. Kommen wir deshalb auf das Grundsätzliche zu sprechen.

Grundsätzliches

Wir lesen im 1. Buch Mose, Kap. 1, Vers 29: »Siehe, ich habe euch alles samentragende Kraut gegeben und alle samentragende Baumfrucht, es soll euch zur Nahrung dienen.« Gottes Wort spricht hier von samentragenden Pflanzen und Gräsern. Wir sagen heute dazu Getreide und Obst. Auch wenn wir in der gefallenen Schöpfung eine Reihe von samentragenden Pflanzen und Gräsern kennen, die ungenießbar sind, ja teils sogar giftig, so ist mit dem Begriff samentragend doch exakt das ausgedrückt, worum es geht. Auf den Samen nämlich kommt es an. Im Samen sichert der Schöpfer der Pflanze ihre Vermehrung, ihr Überleben. Deshalb legt er in den Samen nach einem ungeschriebenen Gesetz immer das Beste hinein.

Wenn Gottes Wort uns Getreide und Obst als Grundnahrungsmittel empfiehlt, empfiehlt er uns damit das Beste. Das geht aus diesen ersten Ernährungshinweisen Gottes hervor. Dann aber lesen wir im selben Wort Gottes von einem alles umwälzenden Ereignis, nach dem nichts mehr war wie vorher. Dieses Ereignis ist uns beschrieben im 1. Buch Mose, Kap. 3. Es ist die bekannte Stelle vom Fall des Menschen in die Sünde.

Die dritte Stelle, in der wir, nach dem Sündenfall, wieder etwas über Ernährung in Gottes Wort lesen, finden wir im 1. Buch Mose, Kap. 3, Vers 18. Dort heißt es: »... und du wirst das Kraut des Feldes essen.« Erst viele Jahre später, nach der großen Sintflut im 1. Buch Mose, Kap. 9, Vers 1–3, lesen wir davon, wie Gott Noah und seine Söhne segnet und ihnen gestattet, Fleisch zu essen. Es heißt hier: »Alles, was sich regt, was da lebt, soll euch zur Speise sein; wie das grüne Kraut gebe ich euch alles.«

So haben wir also Getreide als Grundlage unserer Ernährung. An zweiter Stelle Obst als Grundlage unserer Gesundheit und Leistungsfähigkeit. An dritter Stelle das Gemüse als nachparadiesische Ergänzung unserer Ernährungsgrundlagen. An vierter Stelle das Fleisch, das Gott Noah und seinen Söhnen nach der Sintflut gestattet zu essen. An fünfter Stelle stehen die in Gottes Wort verstreut zu findenden Genußmittel, wie z. B. im 104. Psalm, Vers 15, wo vom »Wein, der des Menschen Herz erfreut« die Rede ist.

Wenn wir diese Ernährungspyramide auf den Kopf

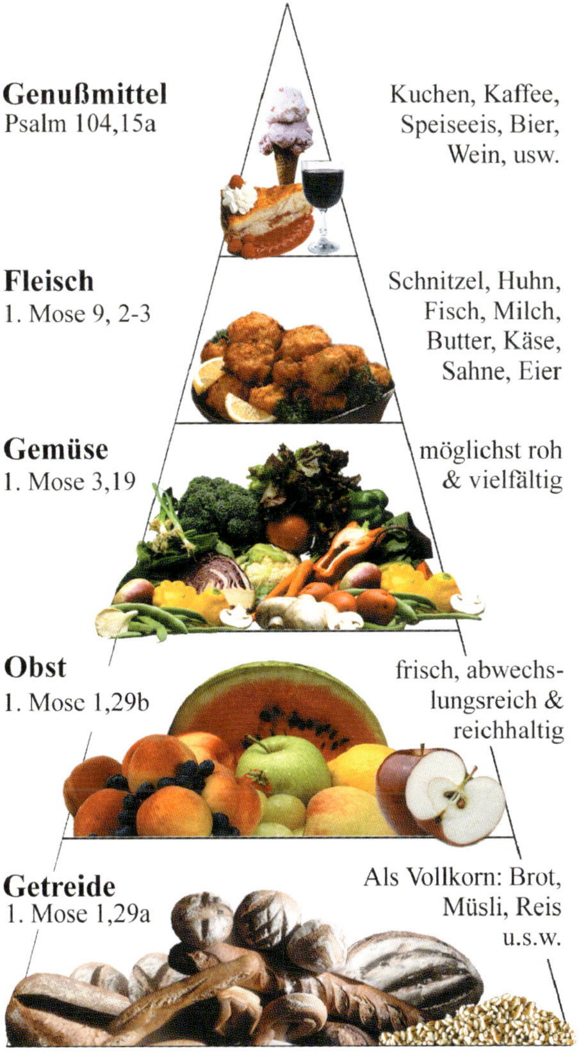
Genußmittel
Psalm 104,15a
Kuchen, Kaffee, Speiseeis, Bier, Wein, usw.
Fleisch
1. Mose 9, 2-3
Schnitzel, Huhn, Fisch, Milch, Butter, Käse, Sahne, Eier
Gemüse
1. Mose 3,19
möglichst roh & vielfältig
Obst
1. Mose 1,29b
frisch, abwechslungsreich & reichhaltig
Getreide
1. Mose 1,29a
Als Vollkorn: Brot, Müsli, Reis u.s.w.

stellen und die wichtigsten Gruppen unserer Lebensmittel wie Getreide, Obst und Gemüse in den Hintergrund stellen, Genußmittel und Fleisch aber an erste Stelle, ist das äußerst gefährlich.

Genau das aber passiert in unserer heutigen Wohlstandsgesellschaft. Mangelernährung und Mangelerscheinungen sind die Folgen dieser Ernährungsgewohnheiten. Genußmittel, Fleisch und Wurstwaren sind in den Mittelpunkt unserer Ernährung gerückt. Im Wort Gottes aber steht es anders. Die schöpfungsgemäße Ernährungspyramide zeigt Vollkornprodukte und nicht tierische Eiweiße und Fette als Grundlage unserer Ernährung; zuerst Getreide, Obst und Gemüse – in dieser Reihenfolge. Das wirft die Frage auf, ob der Mensch nicht als Vegetarier geschaffen wurde.

Ist der Mensch als Vegetarier geschaffen?

Wer sich die fleischfressenden Raubtiere ansieht, dem fällt auf, daß sie alle ähnlich gebaut sind. Sie sind schnell im Laufen und Springen, mit entsprechend scharfen Krallen und einem speziell auf Fleischverzehr eingestellten Gebiß, scharfen Schneidezähnen und großen seitlichen Reißzähnen. Das alles ist nötig, um als Fleischfresser in der Natur überleben zu können.

Diese Tiere unterscheiden sich sehr von den Pflanzenfressern. Letztere haben einen Verdauungstrakt, der mit seinen vielen Falten und Ausbuchtungen, Blättermagen und Pansen beim Wiederkäuer, eine Länge aufweist, die der vielfachen Länge des eigenen Körpers entspricht. Das ist verständlich. Die Pflanzenmasse hat keine so konzentrierte Energie wie Fleisch oder Fett und muß von daher in viel größeren Mengen verdaut werden. Der Darm des fleischfressenden Tieres hingegen ist wesentlich kürzer und entspricht der energiereichen und an Masse entsprechend geringeren Nahrung, die dieses Tier zu verdauen hat.

Auf den menschlichen Körper übertragen, heißt das, daß alles beim Menschen zunächst darauf hinweist, daß er auf vegetarische Kost angelegt ist. Sein Bewegungsapparat ist langsam. Er hat weder Krallen noch Reißzähne, einen völlig ungeeigneten Mund und ein viel zu schwaches Gebiß. Sein Darm ist von seiner Art und Länge geradezu typisch für eine vegetarische Ernährung. Die vielen Falten und Ausbuchtungen des menschlichen Darms weisen ganz eindeutig auf den Menschen als Vegetarier.

Auch zeigt die Erfahrung, daß vegetarisch zu leben grundsätzlich möglich ist. Wir haben dafür alle Voraussetzungen und können sogar einige Probleme besser in den Griff bekommen als Nichtvegetarier. Vegetarier haben nachweislich einen geringeren Cholesterinspiegel und von daher auch weit weniger Herz- und Kreislaufprobleme, keine Probleme mit dem Übergewicht und ihrer Figur. Nun mag das auch daran liegen, daß Vegetarier bewußter essen und sich weit mehr Gedanken über ihre Ernährung machen, als das üblicherweise der Fall ist.

Wer als Vegetarier lebt, muß allerdings darauf achten, daß er genügend Phosphor, Kalzium, Eisen und Vitamin B12 aufnimmt. Alles Stoffe, die vorwiegend in tierischen Lebensmitteln enthalten sind. Sie können aber mit Nüssen, Sojaprodukten und dergleichen ausgeglichen werden. Ein Viertel Liter Milch reicht aus, um den täglichen Bedarf an Vitamin B 12 zu decken. Einfach nur im Supermarkt einzukaufen und mehr oder weniger das zu essen, was gerade angeboten wird oder Spaß macht, könnte bei einer rein vegetarischen Ernährung sehr schnell zu Mangelerscheinungen führen und wäre daher nicht zu empfehlen.

Das aber sind Probleme, die viel mehr mit unserem heutigen Ernährungsverhalten zu tun haben als mit der allgemeinen, grundsätzlichen Frage, ob der Mensch als Vegetarier geschaffen wurde. Sie lassen sich auch sehr leicht lösen, indem man darauf achtet und sich entsprechend bewußter ernährt. Auch ist zu bedenken, daß die ursprünglichen Nahrungsmittel Vollwertprodukte waren und daher mehr von allen Vitaminen, Mineralien und Spurenelementen aufzuweisen hatten als viele in unseren Supermärkten angebotene Waren.

Gottes Wort spricht von einigen Beispielen, in denen vegetarische Ernährung sehr positiv dargestellt wird. Da ist z.B. der Bericht von Daniel und seinen drei Freunden aus dem Buch Daniel, Kap. 1, Vers 12: wie sich die drei Freunde und Daniel an der Tafelkost des Königs von Babel nicht versündigen wollten und darum baten, nur Gemüse und Wasser zu sich nehmen zu dürfen. »Schon nach 10 Tagen«, so lesen wir, »zeigte sich ihr Aussehen schöner und wohlgenährter als das der anderen jungen Männer, die von der Tafelkost des Königs aßen.«

Wir können davon ausgehen, daß die Menschen von Adam bis Noah kein Fleisch gegessen haben. Es gibt jedenfalls keinen Hinweis darauf. Im Gegenteil: Als Noah gemäß dem Bericht aus dem 1. Buch Mose, Kap. 6, Vers 21, angewiesen wird, sich auf die Zeit in der Arche vorzubereiten, mußte er von allen Tieren zwei mit in die Arche nehmen, je ein männliches und ein weibliches zur Erhaltung der Art, dazu von jeder Speise, die gegessen wird. Von Schlachtvieh ist hier nicht die Rede. Auch im 1. Buch Mose, Kap. 3, Vers 21, wo uns berichtet wird, wie Gott der Herr Adam und Eva Kleider aus Fellen machte, finden wir keinen Hinweis darauf, daß dieses Fleisch anschließend gegessen wurde.

Davon, daß Fleisch gegessen wurde, lesen wir erst nach der großen Sintflut, im 1. Buch Mose, Kap. 9, Vers 1–3. Da allerdings segnet Gott Noah und seine Söhne wieder, indem er sagt: »Seid fruchtbar und vermehret euch, und füllt die Erde! Und Furcht und Schrecken vor euch sei auf allen Tieren der Erde und auf allen Vögeln des Himmels! Mit allem, was sich auf dem Erdboden regt, mit allen Fischen des Meeres sind sie in eure Hände gegeben. Alles, was sich regt, was da lebt, soll euch zur Speise sein; wie das grüne Kraut gebe ich es euch alles.«

Hier wird erstmals davon geredet, daß Menschen auch Fleisch essen sollen. Von dieser Stelle aus wird öfters vom Fleisch die Rede sein. So im 5. Buch Mose, Kap. 12, Vers 15, 20 und 21. Hier ist sogar dreimal gesagt: »Doch magst du ganz nach Herzenslust schlachten und Fleisch essen.« Wir brauchen also keine Vegetarier zu sein, wir dürfen Fleisch essen, sogar nach Herzenslust, wir dürfen uns daran freuen und können es auch gerne genießen. Sogar eine Klassifizierung des Fleisches finden wir in Gottes Wort. Im Buch des Propheten Hesekiel, Kap. 24, Vers 4, lesen wir davon, daß Lende und Schulter, das wäre die Keule, »gute Stücke« seien. Als die drei

Männer Gottes zu Abraham kamen, heißt es im 1. Buch Mose, Kap. 18, Vers 7, holte er von den Rindern ein Kalb, »zart und gut«, und ließ es für seinen Besuch herrichten. Auch im Gleichnis vom verlorenen Sohn wird bei der Rückkehr des verlorenen Sohnes ein gemästetes Kalb geschlachtet, wie uns im Lukasevangelium, Kap. 15, Vers 23, berichtet wird. Von Jesus und seinen Jüngern hingegen wissen wir, daß sie zumindest beim jährlichen Passahmahl Fleisch gegessen haben (Lukasevangelium, Kap. 22, ab Vers 7). Und im Johannesevangelium, Kap. 21, Vers 9–13, wird uns berichtet, wie sie nach dem reichen Fischfang gemeinsam am Kohlenfeuer saßen und Fisch mit Brot gegessen haben.

So gibt es noch viele andere Stellen in Gottes Wort, die eindeutig den Verzehr von Fleisch belegen. Von daher, denke ich, sollte es uns nicht so sehr darum gehen, ob wir uns nun mit Fleisch ernähren oder vegetarisch. Viel wichtiger als diese grundsätzliche Frage, die in Gottes Wort so nicht gestellt wird, ist die Frage der Rangordnung. Da aber zeigt Gottes Wort ganz eindeutig eine Reihenfolge der Ernährungshinweise, auf die wir achten müssen, weil sie von ganz besonderer Bedeutung für uns ist.

Dieses einmalige »Buch der Bücher« ist ja so voll von Schätzen und Wahrheit für unser Leben, daß wir es nie aufmerksam genug lesen können. Im Falle der

Ernährung ist es wichtig, daß wir die Dimension der zeitlichen Reihung der Ereignisse beachten, in der uns die einzelnen Ernährungshinweise Gottes gegeben wurden. An der ersten Stelle das Getreide als Grundnahrungsmittel, an der zweiten Stelle das Obst, an der dritten Gemüse und erst viel später, an der vierten Stelle, Fleisch.

Der Hauptfehler unserer heutigen Ernährung liegt also zuallererst in der auf den Kopf gestellten Reihenfolge, in der wir Fleisch und andere tierische Produkte an die erste Stelle gesetzt haben, während wir Obst, Getreide und Gemüse vernachlässigen. Das aber ist nicht die in Gottes Wort – diesmal zeitlich – angezeigte Reihenfolge. Wir wissen, was ein falsches Verständnis der Bibel im Laufe der menschlichen Geschichte alles an Fehlentwicklungen bis hin zu Katastrophen gebracht hat. Das ist im Bereich der Gesundheit nicht anders.

Heute ist es für uns ein geringes, zu erkennen, wie richtig und wegweisend diese Reihenfolge in Gottes Wort ist. Ernährungsexperten und Ärzte bestätigen es uns Jahr für Jahr. Wir kennen aus Tausenden von Statistiken und Berichten die Anzahl ernährungsbedingter gesundheitlicher Probleme, die uns dadurch entstehen, daß wir Fleisch, d.h. tierische Eiweiße und Fette, an die erste Stelle in unserem Speiseplan gesetzt haben. Dadurch ernähren wir uns unnatür-

lich, teuer und vor allem auch ungesund. Was aber ist der Schluß, den wir daraus ziehen?

Aussagen wie »das Tier, mein Freund«, »Fleisch essen ist Mord«, »Käse essen ist Folter« oder »Christen sollen nicht töten«? Das alles sind keine Aussagen, die wir als Wahrheit aus Gottes Wort ansehen dürfen. Solche Schlagworte haben auch nichts mit einem gesunden Naturverständnis oder artgerechtem Tierschutz zu tun. Sie stammen vielmehr aus einer bestimmten philosophischen Richtung, hinter der wir in unserer Zeit das Gedankengut des New Age finden. Nein. Es geht wirklich darum, dieses Wort Gottes wieder gründlicher zu lesen und danach zu handeln – auch in den Fragen der Gesundheit und Ernährung.

Trennkost – die gesunde Ernährung?

Die Lehre der Trennkost hat heute eine Reihe von Anhängern. Im wesentlichen besagt diese Lehre, daß dem Körper in einer Mahlzeit nicht Kohlenhydrate und Eiweiße zugleich zugeführt werden sollen. Das nämlich sei Schwerstarbeit für den Magen. Wer hingegen in einer Mahlzeit eiweißreiche Nahrung zu sich nehme und erst in einer nächsten wieder kohlenhydratreiche Nahrung, helfe seinem Körper, die einzelnen Nährstoffe besser aufzuschließen. Auch sei es bekömmlicher.

Das mag für einen sehr empfindlichen Menschen eine gewisse Hilfe sein. Natürlich ist diese Trennkost jedoch nicht. Im Gegenteil. Aus der Natur kennen wir überhaupt keine Beispiele, die den Gedanken der Trennkost untermauern würden. Auch in Gottes Wort finden wir keine Hinweise auf eine Trennkost.

So sind auch und vor allem die mit der Trennkost verbundenen Versprechungen sehr kritisch zu bewerten. Vor allem, wenn sie z. B. auf Heilungschancen bei Leiden weisen, die allgemein als schwere Krankheiten eingestuft werden. Hier ist Vorsicht geboten. Denn so positiv sich rohkostreiche Ernährung auf unsere Gesundheit auszuwirken vermag, Krankheiten wie Diabetes, Krebs oder Nierenerkrankungen können auf keinen Fall durch Trennkost geheilt werden.

Die Voraussetzungen der Trennkostlehre sind zudem grundsätzlich falsch. Die natürlichen Lebensmittel sind nämlich Mischungen von Eiweiß und Kohlenhydraten. Diese Mischungen werden im Dünndarm gleichzeitig und unabhängig voneinander freigesetzt und stellen kein Problem dar, auch wenn die Anhänger der Trennkost das anders sehen. Das beweist allein schon die Zusammensetzung der Muttermilch. Es bleibt also bei dem, was Gottes Wort lehrt und Ernährungswissenschaftler in aller

Welt uns heute bestätigen. Als Reihenfolge Getreide, Obst, Gemüse, Fleisch. Jede andere Form mag als Diät ihren Wert haben, als vollwertige gesunde Ernährung jedoch nicht. Vielmehr führen diese Ernährungsweisen sehr schnell zu nicht ungefährlichen Mangelerscheinungen. Die wiederum führen zu Krankheit, Leid, Schmerz und Tod. Die Schöpfung dagegen ist voller Leben und Vielfalt und bietet uns in ihrer Vielfalt die beste Voraussetzung für eine gesunde Ernährung. Wir müssen sie nur nutzen.

Vitamine – Mineralstoffe – Spurenelemente

»Vitalstoffe« ist ein von Professor Schweigart eingeführter Sammelbegriff und umfaßt alle lebenswichtigen Stoffe, die wir über die Nahrung aufnehmen müssen, weil unser Körper sie selbst nicht herstellen kann. Dazu gehören Vitamine, Mineralstoffe, Spurenelemente, Enzyme, ungesättigte Fettsäuren, Aminosäuren, Aromastoffe, Ballaststoffe usw.

Diese Vitalstoffe müssen in ausreichender Menge in unserer Nahrung enthalten sein, dann ist volle Gesundheit möglich. Vitalstoffmangel führt hingegen zu Stoffwechselstörungen, z. B. können die Kohlenhydrate nicht bis zu Kohlensäure und Wasser abgebaut werden, wenn das Vitamin B1 fehlt.

Vitamine und Mineralstoffe werden in bestimmten Lebenssituationen vom Menschen besonders gebraucht, z. B. in der Schwangerschaft und Stillzeit. Ähnlich ist es bei jungen Menschen, die sich noch im Wachstum befinden. Wer etwa 20 Zigaretten pro Tag raucht, benötigt allein 40 % Vitamin C mehr als ein Nichtraucher. Von daher heißt der natürliche Weg auch, nicht zu rauchen.

Besonders gefährdet sind auch Alkoholiker. Alkoholmißbrauch schädigt die Leber, verhindert die Aufnahme vieler wertvoller Vitamine und schränkt deren Verwertbarkeit stark ein. Auch die Einnahme von Medikamenten wie Schmerz-, Schlaf- und Beruhigungsmittel, Psychopharmaka und Östrogene führen zu einem erhöhten Bedarf an Vitaminen und Mineralstoffen.

Manche Medikamente können die Aufnahme und Verwertung bestimmter Vitamine erschweren, ihre Speicherung blockieren, im Extremfall sogar zur Ausscheidung von Vitaminen und Mineralstoffen führen. Im Alter sollte man zudem daran denken, daß mit weniger werdender Energiezufuhr über die Nahrung auch weniger Vitalstoffe zugeführt werden. Auch sogenannte »Fast-Food-Produkte« stellen keine ausgeglichene Mahlzeit dar. Sie enthalten in der Regel zu wenig Vitamine, Mineral- und Ballaststoffe, sind sehr oft zu fett und zu salzreich hergestellt.

»Gesund und fit« – aber bitte sofort!

Wir haben heute den fatalen Zustand einer quantitativen Überernährung bei gleichzeitiger qualitativer Unterernährung. Wir finden in unseren Supermärkten heute Lebensmittel in einer so großen Auswahl, daß selbst erfahrene Hausfrauen oft nicht mehr wissen, was sie einkaufen sollen. Aus 1500 verschiedenen Lebensmitteln bestand das Angebot noch in den 60er Jahren. Heute sind es 12 000 verschiedene Lebensmittelprodukte. Dieses Überangebot verunsichert und veranlaßt zu unüberlegtem Einkauf. Vielleicht liegt auch darin eine der Ursachen der zunehmenden ernährungsbedingten Krankheiten. Die Geschichte jedenfalls lehrt uns, daß der Mensch mit einem Mangel besser fertig wird als mit dem Überfluß. Schon Hippokrates hat gesagt: »Die Krankheiten befallen uns nicht aus heiterem Himmel, sondern entwickeln sich aus den kleinen Sünden wider die Natur. Erst wenn diese sich gehäuft haben, brechen sie scheinbar auf einmal hervor.«

Was ist die Alternative?

Die Alternative dazu kann nur eine grundlegende Lebens- und Ernährungsumstellung sein. Weg von zu vielem, vor allem von zu viel tierischem Eiweiß und Fett hin zu einer Ernährung mit Getreide, Obst und Gemüse gemäß der schöpfungsgemäßen Ernährungspyramide. Dann an vierter Stelle Fleisch und danach erst die Genußmittel. Dazu mehr Bewegung. Versöhnung und Ordnung als Voraussetzung für guten Schlaf. Wie die drei A's im Tages- und Wochenablauf.

Wer allerdings schon zu lange und zu tief in falschen Ernährungsgewohnheiten steckt und mit Übergewicht und allen Folgeerscheinungen zu kämpfen hat, für den ist das Ratsamste ein überlegtes Heilfasten mit ausreichender Flüssigkeitsversorgung, möglichst unter ärztlicher Aufsicht. Aber auch dieses Heilfasten muß einhergehen mit einer entschiedenen Umstellung der Ernährung.

Gesundheit ist kein Schicksal. Gesundheit ist ein Geschenk Gottes, wir tragen aber auch Verantwortung für unsere Gesundheit. »Ernährung«, schreibt Dr. M. O. Bircher-Brenner, »ist nicht das Höchste im Leben, aber sie ist der Nährboden, auf dem das Höchste gedeihen oder verderben kann.« Auf diesen Nährboden, auf dem das Höchste gedeihen oder verderben kann, werden wir in der auf mehrere Folgen angelegten Reihe »Gesund und fit – durch natürliche Ernährung« immer wieder zurückkommen.

EINE ÜBERSICHT DER FÜR DEN MENSCHEN

Name	**Wirkungsweise**
Natrium	Regulation des Wasserhaushaltes, des Blutdruckes und der Muskelerregung, Enzymaktivierung.
Kalium	Erregbarkeit von Nerven- und Muskelzellen, Regulation des Wasserhaushaltes, Aktivierung von Enzymen.
Kalzium	Baustein von Knochen und Zähnen, Stabilisierung der Zellmembran, Blutgerinnung.
Magnesium	Eiweiß- und Kohlenhydratstoffwechsel. Aktiviert mehr als 300 Enzyme. Reguliert die Verdauung, Nervensystem, Herz und Kreislauf. Beteiligt am Knochenaufbau. Erregbarkeit von Muskeln und Nerven.
Phosphor (Phosphat)	Bestandteil der DNA im Zellkern. Beteiligt am Aufbau von Zähnen und Knochen. Energiebereitstellung aus den Nährstoffen. Kofaktor von Enzymen.
Schwefel (Sulfat)	Beteiligt an Entgiftungsprozessen. Baustein in Eiweißen.
Chlor (Chlorid)	Regulation des Wasser- und Säure-Base-Haushalts. Enzymaktivierung.

WICHTIGEN MINERALSTOFFE

Quelle	Bedarf	Mangelerscheinung
Kochsalz	2–3 g	Übersäuerung, Nierenstörungen, Krämpfe, Kreislaufkollaps
Obst, Körnerfrüchte, Gemüse	3–4g	Muskelschwäche, Krämpfe, Störungen der Nierentätigkeit
Grünes Gemüse, Milch, Milchprodukte, Eigelb	800 mg	Osteoporose, Rachitis
Mandeln, Nüsse, grünes Gemüse	300–350 mg	Kopfschmerzen, Nervosität, Herzrasen, Schlaflosigkeit, Schwindel
Hülsenfrüchte, Milch, Milchprodukte	800 mg	Selten, im allgemeinen ausreichende Zufuhr
Fleisch, Eier	150 mg	Ausreichende Zufuhr ist gesichert.
Kochsalz	2–5 g	Selten, da Bestandteil von Kochsalz

EINE ÜBERSICHT DER FÜR DEN MENSCHEN

Name	Wirkungsweise
Eisen	Bestandteil des Blutfarbstoffs. Sauerstofftransport. Enzymbestandteil.
Kupfer	Nötig zur Bildung des Blutfarbstoffs. Sauerstofftransport. Enzymbestandteil.
Jod	Bestandteil der Schilddrüsenhormone, die u. a. das Knochenwachstum regulieren.
Fluor	Verhütet Zahnfäulnis, festigt den Zahnschmelz.
Zink	Insulinaufbau. Enzymbestandteil. Bedeutende Rolle bei Wundheilung.
Kobalt	Wichtig für die Blutbildung. Unterstützt die Eisenaufnahme.
Molybdän	Bestandteil von Stoffwechselenzymen. Mobilisierung von Eisenvorräten.
Mangan	Enzymbestandteil. Steigert die Vitamin-B1-Verwertung.
Chrom	Verbessert Glucosetoleranz bei Diabetes. Bessere Reaktion des Gewebes auf Insulin.
Selen	Bestandteil von Enzymen. Schützt rote Blutkörperchen und Zellmembran vor Peroxyden. Stimulierung des Immunsystems.

WICHTIGEN SPURENELEMENTE

Quelle	Bedarf	Mangelerscheinung
Brotgetreide, Sesam, Kartoffel, Grünkohl, Spinat, Sojabohnen, Leber, Eier	12–18 mg	Blutarmut, Schwäche, Blässe
Roggen, Fisch, Eigelb, Leber	2–5 mg	
Weizen, Salat, Meerwasser, Fisch, Milch	0,15 mg	Kropfbildung, Schilddrüsenvergrößerung
Hafer, Weizen	05,–1 mg	
Weizen, Hafer, Erbsen	10–20 mg	Beeinträchtigung von Haut und Nerven, Infektabwehrschwächung
Getreide, Hülsenfrüchte, Leber	0,005 mg	Mangel ist selten.
Hafer, Weizen, Nüsse, Hülsenfrüchte	0,2 mg	Mangel ist eher selten.
Hafer, Weizen, Spinat, Leber	3–4 mg	
Weizenkeime, Bierhefe, Honig, Kalbsleber	nicht festgelegt	
Trinkwasser	nicht festgelegt	

Name	Wirkungsweise
Vitamin B6 Pyridoxin	Wichtig für die Bildung von Aminosäuren (unentbehrlich für über 50 Reaktionen im Eiweißstoffwechsel) und die Blutbildung.
Vitamin B12 Cobalamin	Unbedingt erforderlich zur normalen Blutbildung und normalen Funktion des Zentralnervensystems. Ermöglicht dem Körper die volle Ausnützung der Eiweißkörper.
Folsäure Vitamin B2-Komplex	Nötig im Aminosäurenwechsel. Unterstützt die Ausreifung und Bildung der roten Blutkörperchen. Ist notwendig für die normale Funktion der Schleimhäute des Magen-Darm-Kanals.
Vitamin B13 Orotsäure	Fördert den Eiweißaufbau. Wachstumssteigernder Effekt.
Vitamin B15	Fördert die Zelloxydationsvorgänge.
Vitamin H Biotin	Als Koenzym im Stoffwechsel nötig. Funktionen im Eiweiß-, Fett- und Kohlenhydratstoffwechsel.
Vitamin P Rutin	Erhöht die Widerstandsfähigkeit. Greift in Zellatmungsvorgänge ein. Setzt die Durchlässigkeit der Kapillaren herab.
Vitamin C Ascorbinsäure	Sehr wichtige Rolle bei der Wundheilung und der Infektabwehr. Hemmt die Bildung krebserregender Nitrosamine. Hilft, Eisen und Kupfer aus der Nahrung zu erschließen.

Quelle	Bedarf	Mangelerscheinung
Getreide, grünes Gemüse, Milch, Eigelb, Muskelfleisch	2 mg	Wachstumsstörungen, Blutarmut, Hautveränderungen
Nur in tierischen Lebensmitteln wie z.B. der Leber	0,005 mg	Gestörte Bildung der Blutzellen, Blutarmut, nervöse Störungen
Blumenkohl, Spinat, dunkles Blattgemüse, Milch, Käse, Leber, Niere, Muskelfleisch	0,4 mg	Wachstumshemmung, verminderte Bildung von Blutzellen, Blutarmut
Schaf- und Ziegenmilch, Hefe, Leber	50–200 mg	Wachstumsstörungen, Störungen der Darmbakterienflora und des Eiweißstoffwechsels
Reiskleie, Aprikosenkerne, pflanzliche Samen	2 mg	Zelloxydationsstörungen
Reiskleie, Früchte, Blattgemüse, Pflanzensamen, Milch, Leber, Niere, Eigelb	0,25 mg	Trockene Haut, Versiegen der Talgproduktion, Ansteigen des Cholesterins im Blut
Buchweizen, Citrusfrüchte, Johannisbeeren, Hagebutten, Paprika, Blätter	50 mg	Gefäßdurchlässigkeit, Ödembereitschaft, Abnahme der Kapillarresistenz, Neigung zu Gewebsblutungen
Orangen, Zitrone, Hagebutte, Johannisbeere, Gemüse und Salate, Paprika, in lebenden Geweben, Milch, Leber, Niere	60 mg	Skorbut, gestörtes Immunsystem, Beeinträchtigung des Wachstums, Störungen im Allgemeinbefinden

EINE ÜBERSICHT DER FÜR DEN MENSCHEN	
Name	**Wirkungsweise**
Vitamin A Retinol bzw. Vorstufe Carotin	Wichtig für den Sehvorgang.
Vitamin D Calciferole	Regelt den Phosphat- und Calciumstoffwechsel.
Vitamin E Tocopherol	Stabilisiert die Zellmembran und schützt wichtige Vitalstoffe.
Vitamin K Phyllochinon	Wichtig für die Bildung verschiedener Blutgerinnungsfaktoren.

EINE ÜBERSICHT DER FÜR DEN MENSCHEN	
Name	**Wirkungsweise**
Vitamin B1 Thiamin	Wichtige Funktion beim Abbau von Kohlenhydraten.
Vitamin B2 Riboflavin	Fördert das Wachstum und die Gewichtszunahme, aktiviert die Zellatmung. Ist beteiligt am Abbau und an den Verbrennungsvorgängen im Zucker- und Eiweißstoffwechsel.
Niacin	Ist nötig zum Abbau von Kohlenhydraten, Fetten und Aminosäuren.
Pantothensäure (Vitamin-B2-Komplex)	Wichtig für Aufbau und Funktion von Gewebe, Funktionen im Eiweiß- und Fettstoffwechsel. Notwendig zur Entgiftung von Fremdsubstanzen.

WICHTIGEN *IN FETT LÖSLICHEN* VITAMINE

Quelle	**Bedarf**	**Mangelerscheinung**
Gerste, Aprikosen, Orangen, Karotten, Bohnen, Erbsen, Salat, Spinat, Mikroorganismen, Butter, Rahm, Vollmilch, Käse, Lebertran	2 mg	Nachtblindheit, Erblindung
Pilze, Hefe, Thunfisch, Heilbutt, Milch, Eier, Butter	0,02 mg	Rachitis, Verformungen und Weichwerden der Knochen, Osteoporose
Getreidekeime, Keimöl, Gemüse, Salate, Milch, Butter	1 mg	Kaum Mangelerscheinungen
Erdbeeren, Hagebutten, Spinat, Kohl, Kartoffeln, Tomaten	1 mg	Blutungen, Blutgerinnungsstörungen

WICHTIGEN *IN WASSER LÖSLICHEN* VITAMINE

Quelle	**Bedarf**	**Mangelerscheinung**
Getreide, Reise, Früchte, Gemüse, Kartoffeln, Leber, Niere, Vollmich	1,4 mg	Störungen der Funktionen des Zentralnervensystems und des Herzmuskels, Muskelkrämpfe, Ödeme
Getreidekeime, Früchte, Gemüse, Käse, Ei, Milch, Fisch, Fleisch	1,7 mg	Dermatitis, Störungen in der Mundschleimhaut, Risse in den Mundwinkeln, Schuppenbildung, brüchige Nägel
Getreide, Früchte, Gemüse, Milch, tierische Organe, aus Aminosäuren z.T. gebildet	10–18 mg	Schäden an Haut, Verdauungstrakt, Nervensystem
Reiskleie, Getreide, Früchte, Sojamehl, Gemüse, Leber, Niere, Muskelfleisch	10 mg	Stoffwechselstörungen, Haarentfärbung und Haarausfall, Hauterkrankungen